I0099458

LIVRO DE **BAGATELAS**

Dionísio Sousa

LIVRO DE ***BAGATELAS***

ISBN: 978-989-98558-3-0
Depósito Legal n.º 376652/14
Processamento de texto, capa e revisão Doralice Sousa

Muitos versos, bastantes glosas, alguma poesia

ÍNDICE

ÍNDICE ALFABÉTICIO

PRÓLOGO

Ao benévolo leitor

*Glosa ao "**prefácio ao Livro de qualquer poeta**"*
de Almada Negreiros

Estes versos nasceram circunscritos a um determinado público. Os meus amigos. Nasceram numa rede social- o "facebook" que tem por base este estrito critério. Será uma nova forma de amizade. Virtual. De pessoa de que só conhecemos aquilo que em versão mais ou menos retocada nos vão mostrando. Provavelmente nunca nos conhecerão por inteiro, não terão de nós mais que que uma visão limitada e parcelar. E permanecerão sempre no domínio do que parecemos ser e não do que efectivamente somos. De um aparecer que pelo parecer se fica. Mas quem é que, por detrás dos papéis que socialmente representamos nos conhece em tudo o que efectivamente somos. Nem nós próprios, porventura, que normalmente, nos moldamos à imagem do que quereríamos ser.

Estas glosas, em versos arrumadas, não têm, portanto, a pretensão ou a ambição de transbordarem para fora do seu público-alvo inicial. Por isso se confessam no frontispício como aquilo que sempre foram na sua original concepção "para os meus amigos."

Curiosamente, a expressão "facebook", aplicada no seu sentido vulgar e originário significa "livro das caras", dos rostos fixados em fotos e coleccionados em álbum. Por isso mesmo, face de um momento, de uma pose, de um instantâneo que só é definitivo para os que vêem a fotografia não para aquele que se deixou fotografar. Provavelmente, a verdadeira originalidade destes versos esteja na sua origem. Em tempos, os "blogues", os "sites", deram origem a muitos livros. Que ensinavam como fazer ou mostravam o produto do que se fazia. Não tenho notícia que entradas "postadas", escritas no "face" tenham tido um prolongamento impresso.

Teve pois em vista, este versejar de glosas feito, um auditório limitado. No meu caso 778 pessoas. Não é muito. Eu sei. Mas até excedem os limites do gerível que, segundo os entendidos, anda pelos 200-300.

Mas a minha consciência dos que me visitavam ia muito para além daqueles que, habitualmente deixavam os seus "gosto" ou o seu comentário. Estes raramente excediam um dígito, mas eu sabia que os que me acompanhavam nos meus ditos e escritos ia muito para além deles. Conseguia mesmo saber os elementos que visitavam. Há bem pouco tempo existia uma aplicação que conseguia o que ela própria chamava "fazer a magia" de descobrir o objecto de cada visita, o número de conexões e até, requinte maior, aqueles que nos iam excluindo.

Mas deixemos as circunstâncias do parto desses versos e detenhamo-nos nalgumas características do seu conteúdo ou da sua forma.

O grande pintor e escritor Almada Negreiros escreveu um "Prefácio ao livro de qualquer poeta".

Respiguemos desse prefácio de aplicação universal, algumas observações que se aplicam também a este meu livro de versos.

Logo de entrada ele afirma. " O Poeta (no texto, Almada escreve sempre Poeta e Poesia com inicial maiúscula) não pode deixar à posteridade, tanto texto quanto é necessário para um livro de venda".

Curioso notar que a editora em que tenho feito publicações várias exige, para o formato que escolhi, como mínimo 32 páginas. Se é exigente no mínimo é altamente generosa no máximo - 740.

E diz mais Almada " O número de páginas de um exemplar de Poesia força o autor para fora da sua acção, ou condena-o a repetir-se indefinidamente em páginas paralelas".

Com esta observação Almada atinge em cheio o coração dos meus versos. São muitas as repetições de temas, a replicação das mesmas palavras, os empregos das mesmas rimas, o estadear das mesmas intuições- emoções.

É um defeito, claro, mas também é uma marca. Outro celebrado autor de conselhos a poetas, Rainer Maria Rilke aconselhava:

"Fuja dos grandes assuntos e aproveite o que o dia-a-dia lhe oferece. Diga as suas tristezas e os seus desejos, os pensamentos que o afloram, a sua fé na beleza. Diga tudo isto com sinceridade íntima, calma e humana. Utilize para se exprimir as coisas que o rodeiam, as imagens dos seus sonhos, os objectos das suas recordações. Se o quotidiano lhe parecer pobre não o acuse; acuse-se a si próprio de não ser bastante poeta para se apropriar das suas riquezas"

Num aspecto, pelo menos, segui as propostas de Maria Rilke. Além das repetições, os temas raramente são o grandioso, o espectacular o patético ou o que possa adejar pelas esferas do sublime. O seu âmbito é a modéstia das coisas simples, o quotidiano vivido, o que nos interpela, em continuidade, os sentidos, a retina ou a consciência.

Voltemos ao Almada e ao prefácio ao livro de qualquer Poeta. Ele afirma:

"A poesia é um acto vitalício; não é um estado momentâneo de levitação. Alguns, em vez de terem a Poesia como acto vitalício, fazem-na profissão perpétua."

Pois bem, no meu caso, nem vitalício nem perpétuo. Apenas a "levitação " nalguns momentos isolados do resto da minha vida. Não me são vitais, embora, por vezes, me sejam compulsivos. Não na fábrica do verso que nunca jorra com a espontaneidade da água da fonte, mas na busca porfiada da palavra, do ritmo, da ideia.

Lembrando alguém que me é muito chegado - o poeta Coelho de Sousa. Dizia ele num programa de rádio que preenchia com a sua poesia: Sobre este tema vou ler seis sonetos que me vieram de um jacto. Não. No meu caso não há jacto, nem catadupa, nem palavras em tropel, há, normalmente, uma laboriosa busca das palavras, das rimas, da forma, ou o encontro ocasional do tema, a maioria das vezes como eco de uma leitura ou o rasto de um poema.

Diria, para ser benévolo comigo próprio, que, talvez, tenha lido demasiada poesia, frequentado muitos poetas radicalmente criadores para ter margem para a minha total originalidade.

Almada Negreiros distingue do poeta o que ele chama "os aventureiros", aqueles que "fazem versos. Que tem a ciência dos versos e a persistência de os fazer", dos quais "ninguém repete o que eles escreveram se não os decorar" e remata, sobre estes aventureiros: A sua voz não fará "nascer asas em nós".

Eis o que parece o resumo mais feliz de um poeta: o que faz nascer asas em nós.

Também estou convencido que não é o meu caso. Asas sei que não faço nascer em quem me lê. Quando muito, num momento ou outro de mais plenitude, consigo provocar aquilo que Almada chamou antes "levitação". Um certo tom ou som de singularidade ou expressividade.

Diga-se, em abono de todas as perspectivas, que há poetas que recusam esta poesia de fazer nascer asas. O poeta José Manuel Mendes assevera

Os poetas
Tinham asas
E não tocavam o sol

Tinham asas e não
Provavam
O sal da terra
Hoje (...)
Cantamos a verdade nua
Dos dias sem sol

Cantamos e fazemos
O sol

As asas caíram
O poema
Trabalha

Ultrapasse-se este parentese e retomemos Almada Negreiros. Falava ele do "aventureiro que faz versos (chama-lhe um didático, enquanto o Poeta seria um auto didata) e que cai sempre no que já estava feito", e, de seguida, apontava para uma outra deformação ainda pior.

Sentencía implacável: “Aquele que sente a vocação da Poesia, logo se vê obrigado a passá-la para a escrita. Porém, há diferença entre o que foi realmente nosso e o que não passa de uma glosa de outro. Ao segundo caso é francamente preferível o plágio nu. A cópia fiel ainda é a melhor passagem para o original”.

Ora o que eu tenho para oferecer aos meus amigos, consta em relevo na capa. Glosas.

Glosa de temas. Glosa de ideias. Glosa de palavras. Glosas e variações. Este livro é uma longa e trabalhada glosa. Deixei isto bem vincado nalguns dos sonetilhos. Nomeadamente nos casos em que a glosa é mais literal, mais siamesa do original.

Almada termina o seu prefácio dizendo: “Quando se acaba um edifício tira-se-lhe o andaime”. Não lhe sigo o conselho. Mantenho erguido e a descoberto o andaime do edifício que é este livro.

Uma última deixa do Almada: “A poesia é o mundo inteiro na mão; todo o jeito que se lhe der é perder o mundo inteiro”.

Perante todos não nego, confesso. A minha poesia está toda no jeito. No burilar a palavra. Mais a palavra do que o tema ou a ideia. Os protagonistas dos meus versos são as palavras. As ideias brotam delas como de uma possibilidade. E não o contrário. São elas que me obrigam a dizer, não sou eu que lhes imponho uma significação.

Por esta razão, poderei dizer como João Cabral de Melo Neto, na sua “Psicologia da composição”:

Saio do meu poema
Como quem lava as mãos

Mas, digo eu, o impulso para "sujá-las" de novo é incontrolável.

O mesmo João Cabral de Melo Neto sublinha-o:

Esta folha branca
Me proscreve o sonho,
Me incita ao verso
Nítido e preciso

Dando mais um passo em frente, perguntar-se-á. Então o título Bagatelas traduz a (in)significância do conteúdo deste livro versejado?
Em primeiro lugar, entendamo-nos sobre o significado da palavra.
Bem sei que qualquer dicionário a define como insignificância, ninharia, coisa de pouca monta, frivolidade, algo de fútil ou frívolo.

Não esqueçamos, porém, que a palavra pode ser usada como se fosse o seu próprio antónimo. É claro que se dirá com propriedade que alguém se enfureceu por uma bagatela, mas também de dirá a irritação custou-lhe a bagatela de 100 milhões. Ou que o quadro é uma bagatela sem valor ou então que foi leiloado pela bagatela de 500 milhões.

Além disso, a palavra tem a suas cartas de nobreza na literatura mas, acima de tudo, na música.

Na literatura portuguesa recorramos a dois exemplos.

O único grande poema herói-cómico da nossa literatura - O Hissope de António Dinis da Cruz e Silva - teve como tema a "bagatela" de um conflito entre um bispo e um cónego por causa da soleníssima "bagatela" que era a praxe de o cónego receber o bispo entregando-lhe o hissope.

A recusa de o fazer levou a alonga disputa envolvendo as entidades mais relevantes do país, durante a "bagatela" de dois anos.

E Cruz e Silva ora põe a desprezada "bagatela" como injustamente depreciada ("pospondo das funções mais piedosas o cuidado às nossas bagatelas, só se emprega em coisas vãs, ridículas e fúteis") ou a coloca a presidir ao Conselho dos mais altos dignatários ("Deste pois populoso e vasto império em paz empunha o cetro poderoso o grande titular das Bagatelas")

Outro exemplo da literatura portuguesa useiro e vezeiro em bagatelas foi Bocage. Rimará a respeito da negregada academia.

Bernardo nénias faça e cague nelas
E Belmiro, por ter habilidade
*Como d'antes trabalhe em bag*atelas
E as façanhas napoleónicas cantará assim:

O rápido francês vai-lhe às canelas;
Dá, fere, mata: ficam lhe em despojo
Relíquias, bulas, merdas, bagatelas

Mas é na música que as "bagatelas" têm a sua mais válida e importante expressão. Verdadeiras cartas não apenas de alforria e de direito de cidade mas de fidalguia.

Beethoven é o exemplo maior. Mas a tradição das "bagatelas" musicais já vem de longe - Couperin (1717) e terá notáveis continuadores como Dvorak, Sibelius, Camille Saint-Saens, Bela Bartok, Ligeti, etc.

Mas Beethoven permanecerá como o grande artífice das "bagatelas". Comporá mais "bagatelas" para piano do que sinfonias e quartetos. Não esquecendo a insuperável "bagatela" que é o trecho "Por Elisa", Beethoven comporá sete bagatelas , opus 33, em 1803; onze bagatelas, Opus 119, em 1823 e, finalmente, 6 bagatelas em 1825. Destas últimas, o próprio Beethoven dirá: "Muitas delas foram-muito trabalhosas e provavelmente, nos seus moldes, do melhor que até hoje escrevi".

E, na realidade, estas 6 "bagatelas " são tão bom retrato do Beethoven da sua última fase, como as sonatas ou os quartetos.

Confesso que durante meses seguidos não me cansei de ouvi-las interpretadas pelo excelso piano de Alfred Brendel.

Com todos estes ilustres antecessores não me falta quem me apadrinhe o título.

E quanto ao conteúdo?

Só espero que o devotado amigo e o benévolo leitor não diga delas o que, o já citado Cruz e Silva dizia em relação a alguma poesia do seu tempo: "As musas espantadas largaram os instrumentos e se esconderam longo tempo nas grutas do Parnasso".

Anote-se ainda que o próprio Beethoven designou as suas "bagatelas" por "small things" (kleinigteiken).

Estas são também as minhas "pequenas coisas".

SONETILHOS

ANTEVISÃO

Ali se há-de enterrar
O meu coração
Com unção
No imenso mar.

Ali se há-de encontrar
Em comunhão
O meu caixão
E o imenso mar.

Ali onde ele se quebra
Como em sua casa
O imenso mar.

Não será na pedra
Não será na campa rasa
Mas no imenso mar.

ANGÚSTIA

O céu lento
Vem devagar
Aumentar
O meu tormento.

E eu desespero
Sem coragem
Nem imagem
Do que quero.

Este céu
Já só continha
A nuvem escura

Como um véu
Que só retinha
Minha amargura.

CONTRASTES

No ar sereno
A luz brilha
Na ilha
Em tempo ameno.

O sol em pleno
Destila
E fervilha
No terreno.

Tanta luz
Tanta cor
No céu claro

Tanta cruz
Tanta dor
Sem amparo.

ASPIRAÇÃO

Seja a terra degredo
E o céu destino
A que me confino
Sem sombra de medo

Não é segredo
Nem dom divino
Quanto ensino
E facilmente acedo

Nada inventa
Nem presumo
Da luz da razão.

É o meu intento
Que assumo
Como aspiração.

PAIXÃO

Amar! Mas de um amor que tenha vida

Antero

Amar de um amor
Que tenha vida
E não tenha medida.
Que seja penhor

E da alegria no calor
Da união apetecida
E sempre perseguida
Com o maior ardor.

Amor vivo e quente
De carícias e beijos
E olhares embevecidos

Amor veemente
De arrebatados harpejos
Nunca emudecidos.

SOLUÇÃO

No céu, se existe para quem chora
Antero

Se existe um céu
Para quem chora
E se arvora
Em contrito réu.

Se o mundo se abateu
Como uma espora
De toda a hora
No pranto teu.

Então, só há que implorar
Com fervor de crente
E como quem adora.

E só resta aceitar
Sofrido mas contente
O chorar de agora.

LIMITAÇÃO

Não fumo mas cismo
Nos castelos do horizonte
De estranho monte
Em que me abismo.

Não é bucolismo
O que tenho defronte
Embora lhe aponte
Um vago saudosismo.

Nesta solidão me consumo
Na tristeza que me assalta
Me encontro e desencontro

A vida assumo
Mas sinto-lhe a falta
Do lugar de reencontro.

SÚPLICA

Mãe, adormenta
Este viver dorido
Que, sem sentido,
Sempre me atormenta

De alma atenta
Mas de coração perdido
Temo o olvido
Que assim se enfrenta.

Ao viver sombrio
Onde a incerteza perpassa
Traz a paz ansiada

E liberta-me do desafio
Da sombra baça
Da esperança adiada

APREENSÃO

Ao luar
Meio encoberto
Espreito incerto
O som do mar.

Ao olhar
Assim tão perto
Quase desperto
Pelo marulhar

Sonho acordado.
Luta de rotina
Sem aparato.

Mundo assombrado
E que se obstina
Num viver sensato.

MARGEM

O sonho quebranta
minha agonia
E como a cotovia
Sobe e canta.

Incerteza tanta
Mata a alegria
E em cada dia
Me desencanta

A noite é negra e muda
E, como um calafrio
Destrói o meu sonho

Não há sentir que me acuda
E, mesmo lesto como um rio,
Não me seja enfadonho.

VERTIGEM

O sonho quebranta
Este meu vão sofrer.
E quase consigo vencer
Este mundo que me espanta.

Na aurora que canta
Logo pelo amanhecer
É-me difícil entender
Porque o mundo se alevanta.

Um vento húmido e frio
Sopra sobre o meu sonho
E desfaz toda a sedução

Não descanto e não rio
E a fingir não me disponho
Nem a disfarçar a desilusão.

ECLOSÃO

Um dilúvio de luz
A terra banha
E nela se entranha
E o mundo seduz.

Sol que produz
Felicidade tamanha
E não se estranha
Porque tudo reluz.

Eis o sol! Eis o dia!
Na manhã esplendorosa
Que da noite emergiu

Tudo se alumia
Na plenitude sumptuosa
Da luz que eclodiu.

CAMBIANTES

Cheiro o vento
Na exalação das ondas.
Ó mar não respondas
Ao tom do meu lamento.

Eu mesmo tento
O sabor e os aromas
Logo que assomas
À felicidade que invento.

Dia de mar.
Horas supremas.
Tarde amena.

Noite de luar
De frágil luz apenas
E por demais serena.

INSULADO

Foi isto outrora
Numa ilha ausente.
Sonho de uma hora
Aspiração de um momento.

É isto agora
Numa ilha presente.
Pela vida fora
Em sonho ardente.

Ilusão ou realidade
É a mesma constante.
Fica na memória

A dourar a idade
E cada instante
Da mesma história.

SONHOS

Tudo é e não é.
Tudo é sonho de um sonho.
De certo nada disponho
Nem posso fazer fé.

O mistério do sonho até
É algo de inenarrável.
Nem é manipulável
Na sombra do sonho que é.

Sonhos que vem e se esfumam
Mas regressam obsessivos.
E em novo sonho desaguam.

Sonho que outros sonhos impunham
Sempre vagos e imprecisos.
Sonhos que todo o sonho derrubam.

PASSADO

Reviver o passado
Na paz
Que traz
O tempo recordado.

A memória do passado
Faz
E refaz
Mesmo o facto olvidado.

Dias que passaram
Recordações que não esquecem
Da vida vivida.

Momentos que recuperam
As horas, na margem
Da experiência esquecida.

AO SOL DA PRIMAVERA

O sol ilumina
Tudo aquece
Tudo engrandece
E a mim me anima.

O sol fascina,
A terra floresce
E o mundo esquece
A dura sina

Horas fagueiras
Que correm felizes
E inspiram poetas.

Horas primeiras
Forças motrizes
Das almas despertas

PETIÇÃO

Na vida em que vicejo
Tenho estranhos momentos.
Em cada hora revejo
Flutuantes pensamentos.

Dia que começa e acaba
Apontando ao futuro.
Dia de longa meada
Que se tece com apuro.

Vida que por mim passas
Meus sonhos não desfaças
Que me deixas inseguro

Não tenho mais pedidos
Nem desejos escondidos
Nem desígnio obscuro.

INQUIETUDE

Austera imagem
Sombra velada
Para a alma frustrada
Da longa viagem.

Não há linguagem
Que ecoe na estrada
Sempre anelada
E perdida na voragem

De olhos fitos
Num futuro incerto
Anseio-te em vão

E não há escritos
Nem segredo encoberto
Que serenem a razão.

GESTO

Dei ao meu gesto
A cor do amanhecer.
Para de tarde esquecer
A cor e o resto.

Dei ao meu protesto
A cor do anoitecer
Para assim preencher
O vazio manifesto.

As cores confundidas
Entre a noite e a manhã
São o quadro expressivo

Das tramas urdidas
Neste colorido afã
Em que me desgasto e vivo.

SOLILÓQUIO

Hora dos mágicos cansaços
E dos silêncios breves.
Hora em que só te atreves
A sorrir a espaços.

Minha vida em pedaços
Para longe não ma leves.
Vê lá se percebes
O rasto dos meus passos.

Sons diluídos na tarde
Em solilóquio de beleza
E de amenidade serena.

Nunca se sabe a melhor parte
Que reserva a natureza
Com tão especiosa arte.

ARDOR

Na Alegria a na dor
Na tristeza e no prazer
Tudo o que há a fazer
É mostrar o seu ardor

E a aceitação não é favor
Em alturas de lazer
Nem que seja p'ra dizer
Tempos de vida e amor

Em cada momento que passa
A vida é sempre esperar
A hora da felicidade

É decidir beber a taça
Sem para traz olhar
Nem temer contrariedade.

PEDRAS NEGRAS

Pedras Negras
Que ao mar resistem
E serenas subsistem
Às invernais refregas.

Pedras Negras
Que o mar acolhem
E nunca se encolhem
Impondo suas regras.

Pedras negras da vida
Em mar manso ou encapelado
E permanentemente embatidas.

Recordação perdida
Do tempo passado
E das esperanças havidas.

ESCURIDÃO

Canto longínquo
Triste e lento.
Som oblíquo
Como o vento.

Sentir profícuo
Em cada momento.
Veloz e ubíquo
E com sentimento.

Música da noite
Que se insinua
Grave e profunda.

Embora me acoite
À luz da lua
Na escuridão se afunda.

O SOL DA VIDA

O sol brilhante
Ilumina
E fascina
A cada instante.

A mente pensante
Descortina
E não se confina
Ao passado distante.

O que permanece
É o sol da vida
Com seus cambiantes.

É como uma prece
Que nos convida
A ser confiantes.

NEVOEIRO

Por cima
O nevoeiro acomoda
E tanto incomoda
Como desanima

Por dentro
O nevoeiro tanto corrói
Com destrói
Desde o centro

Por fora
A neblina baça
Sempre desfigura.

Na demora
O tempo passa
E tudo supura.

PORFIA

Espirito Sereno
De sombras crepusculares
É inútil forçares
O remanso ameno.

Não basta um aceno
Para que atravesses os ares
E assim te elevares
Ao teu intento pleno

Em sombria luta
De final incerto
Sempre porfia.

Olha e escuta
E de peito aberto
Na paz confia
Com estrénuo fervor

VIGÍLIA

Eu durmo, mas o meu coração vela.
Cântico dos Cânticos

Eu durmo
Mas meu coração vela
E sempre revela
A paixão que assumo

No ar soturno
Meu espírito apela.
Não fora donzela
Em sonho nocturno

Ânsia apaixonada
Que aspira em vão
Pelo fruto do amor

Espera atormentada
Que busca a união
Com estrénuo fervor

A ILHA AO PERTO

Pedra torrada
Transtorno do mundo
Do mar profundo
A custo arrebatada

Terra queimada
De solo fecundo
Contigo me confundo
Na vida insulada

Sentir de ausência
Rosto da saudade
Em que me revejo.

Assomo de consciência
Sonhando a eternidade
Ao menor ensejo.

A ILHA AO LONGE

(Parafraseando Vitorino Nemésio)

A ilha ao longe
Evocação de légua.
Oração sem trégua
Em jeito de monge.

Mesmo que a vida esponje
A neblina e as névoas
Sempre comigo levo-as
Como esculpidas em bronze.

Marcado horizonte
Na ilha de outrora
A cada momento irrompe

O pão, a vaca, a fonte
Que urgem agora
Como se os tivesse defronte

VÁRIA RIMA

VARIAÇÕES

(Sobre a "ilha ao longe" de Vitorino Nemésio)

Capuz sem testa
No mar ermo
A ilha atesta
O seu próprio termo.

Terra extrema
No mar eterno
Contingência suprema
Em seio materno

Fogo e lava
Ao nascer
Terra brava
Para se viver.

Os nevoeiros a nimbam
Pelo amanhecer
As estrelas a sublimam
Depois do sol morrer

Símbolo fatal
Da precariedade
Mas sempre igual
Na sua perenidade.

VIVER

O coração sem descanso
Não tem alegria nem encanto
Não é ribeiro manso
E desfalece, entretanto.

Não mais palavras
Nem mais poesia
Que a tristeza não travas
Nem ganhas a alegria.

Regozijo de uma hora
Tristeza de muitos dias
Não está feliz e chora
O que dentro de ti sentias.

Falhaste na escolha
E nas tuas ilusões.
Não há alegria que te acolha
E te excite com emoções.

Paixão e sentimento
É tudo muito nobre
Paixões leva-as o vento
De sentimento ficas pobre

A VIDA

As surpresas da vida
Não são todas iguais.
Tem diferentes medidas
E comportam muitos sinais.
Amanhecer mais uma vez
É uma renovada alegria.
É sorver com avidez
O penhor de mais um dia.
Quer o sol brilhe ou não
Nem que o vento seja agreste
Está sempre ao alcance da mão
A felicidade que me deste.

A vida não são dois dias
Para quem faz as contas certas
A vida tem mais fantasias
E mais portas abertas.
Tempo que corre e passa
Tempo que foge e não volta
O tempo tudo perpassa
E com rapidez se solta.

IMPOSSIBILIDADE

Sonhei
Com a canção
Que nunca direi.
E a canção
Que nunca direi
Quedou-se
num sonho
Que sonhei.

Havia nuvens no horizonte.
E um esplendor solar
Sobre a terra
Mas todos os sons
Morriam
Na pauta
Da canção
Que nunca direi.

VIVER DUAS VEZES

Viver duas vezes
Aliciante aspiração
Repetir os mesmos erros
Mesmo que fosse em segunda mão
Desvendar os mesmos segredos
E amar com igual paixão...
Tremer com os mesmos medos
Reviver a mesma ilusão
Percorrer os mesmos caminhos
Com iguais rastos pelo chão
Sonhar ao mesmo luar
E, mais tarde, recordar
Tal momento sem par
Viver duas vezes
Os mesmos sonhos de outrora
Recriá-los pela memória.
Para sempre.
Como se fosse agora.

O MAU FADO

O mau fado e a hora má
Minha vida marcaram
O mau fado sempre será
A herança que me deixaram

O mau fado e a hora má
Aprazaram um encontro
O destino decidirá
De tão fatal confronto

O mau fado e a hora má
Sempre juntos se conjugam.
Nenhum bem advirá
De tais forças que me subjugam

O mau fado e a hora má
São minha companhia astral
O mau fado comigo está
E estará para meu mal.

MANHÃ

Ao sol de uma manhã
Manhã apolínea
Manhã rubescente
Manhã quase divina
Manhã de sol nascente
Manhã luminosa
Manhã vibrante
Manhã preciosa
Manhã fascinante
Manhã de claridade
Manhã de luz jorrando
Manhã a tua verdade
Todas as coisas nimbando

SE E SE...

Se os meus dedos
Pudessem
Desfolhar a lua.
Se as minhas mãos
Pudessem
Apresar as estrelas.
Se o meu olhar
Pudesse
Abarcar o universo.
Se o meu corpo
Pudesse
Incarnar o futuro.
Se o meu amor
Te pudesse cativar a ti,
Então, não seria em vão
Que vivi.

SOFRIMENTO

Minha solidão, sem descanso
Minha noite de sono sem sonho
Por que me desfaço em amargo pranto
Se as lágrimas me tornam bisonho.
Meu lugar da vida sem remanso
Minhas horas soturnas sem encanto
Por que não há guarida nem manto
Para quem, sem sofrer, sofre tanto.

SONHAR

A resposta é sonhar
Sonhar sobre tudo
Sonhar antes de tudo
Sonhar e sonhar
Entrar no mundo dos sonhos
E nunca o abandonar.
Entrar no mundo dos sonhos
E manter-se na sua órbita.
Viver em sonho
O resto do tempo
E o tempo que resta.

Niso

SOMBRA

O homem o que é?
O animal racional?
O bípede sem penas?
O rei da criação?
Os gregos assim o pensaram
Os gregos assim o disseram
Os gregos assim o definiram.
Mas também para os gregos
O homem
É um ser mortal
Um ser para a morte
Cujo quinhão
De vida
Lhe é atribuído
Arbitrariamente
Pelas Moirai
As fiandeiras
Da vida
Eda morte.

É menos do que
Uma sombra.
É só o sonho
De uma sombra.
É menos que o sonho
É apenas o fantasma
De uma sombra.
Menos do que
Uma sombra
É uma sombra vã.
Entre o sopro
Que se esvai
E a sombra
Que se esfuma
Se delimita
A sombra
De vida
Que o homem é.

A BATALHA

Ser ou não ser
Eis a questão.
Entre ser
E não ser
Meio termo
Não pode haver?
Pergunto para saber
Como Parménides tentou ver.
Que podemos dizer do ser?
Que é o ser do que é.
Que podemos dizer do não ser?
Que é o ser do que não é
Então, ser e não ser
São aquilo que são.
São ser.
Mas o não ser
Não é a negação

E a ausência do ser?
Mas ausência
E a negação
Não são?
São ser, então?
Não ser e nada
São sinónimos.
Como ?
Se o ser entifica
E o nada nadifica.
Mas nadificar é ser
Nadificado.
É ser.
A isto se reduz
A batalha de gigantes
Em torno do ser?
Não.
Entre o ser
E o não ser
Há o poder-ser.
Há o devir.

O Nada que é tudo

O Nada que é tudo
Não estou pensando em nada
Meu cogitar é do nada
Estou vivendo o nada
Na sua nudez emplumada
O nada antes de tudo
O nada acima de tudo
Não é nada, contudo
É tudo, sobretudo
O nada não é o que resta
Da soma nula da vida.
O nada é o que lhe empresta
A dimensão e a medida
O nada não é o limite
Não é nenhuma fronteira
Não é a negação, existe
Como o gonzo na ombreira

Do nada fez o criador
As coisas e o mundo
Matéria-prima e valor
De todas as coisas o fundo
O ser e o nada
Se igualam
Na sua indeterminação.
O ser, o imediatamente
 Determinado
É na realidade o nada
E não a sua contraposição.
Não estar pensando nada
É pensar o nada
Como objecto em geral
É dar a primeira passada
No domínio do transcendental.

Niso 18.5.2014

A PANGEIA

Prosema didáctico

Segundo cálculos humanos,
Há dois mil milhões de anos
A terra era um só continente.
Para se tornar diferente
Se fragmentou e separou
E os actuais continentes formou.
Pangeia se chamava
Esse continente primordial.
"Toda a terra" significava
E tinha um mar a rodeá-lo.
Importante papel teve esse mar
De nome "Pantalassa".
E que significa "todo o mar"
Que pelo supercontinente perpassa.

A Pangeia tinha forma de um C
Com o seu centro sobre o equador.
Lembra, assim a quem a vê
A lendária figura do Adamastor.
A deriva dos continentes,
A partir da Pangeia,
É a teoria assente
E a mais aceite ideia.
A hipótese foi sugerida
Por uma observação banal
Que é o encaixe à medida
Dos actuais continentes em geral:
A dúvida subsistia:
A deriva era à superfície
Ou no interior e no mar profundo.
A solução que vencia
Era a das placas pelo interior do mundo.

ATHENA

Athena ou Palas Athena
Deusa da guerra e da civilização.
É um dos doze deuses do Olimpo
E tem lugar importante no Panteão.
Deusa das artes e da justiça,
Da estratégia e da habilidade.
Nunca nenhuma peleja atiça
E a todas resolve com serenidade.
Pra os gregos era, por excelência, "a Deusa"
Por isso, recebeu vários epítetos:
A líder ou protectora do povo
A vitoriosa, a guerreira e outros títulos.
O seu culto era fervoroso em Atenas
Mas estendeu-se a toda a Ática.
E de muitas cidades e não pequenas
Era a real padroeira , na prática.

As Panatenaias eram as festas em sua honra
Com grande impacto na vida social e política.
Eram celebradas com muita pompa
E com especial influência na vida artística.
O seu simbolismo persiste
Mesmo na nossa era
A sua influência resiste
E em muitos projectos prospera.
Alguma corrente feminista
A tem por inspiradora
Tendo presente e em vista
O seu papel de precursora.
Ela é modelo e mentora
Para organizações educacionais.
Das mulheres introdutoras
Em áreas masculinas profissionais.

INEVITABILIDADE

Quem nunca amou
Amanhã amará
Quem já amou
Amará amanhã.
Quem nunca amou
Amará
Quem já amou
Amará.
Quem nunca amou
Quem já amou
Amará.
Amará
Quem já amou
Quem nunca amou

A TEU LADO

Quando morrer não deixarei de viver
O meu último olhar será para te ver
E transmitir na hora derradeira
os silêncios de uma vida inteira

A tua presença será a força
A tua voz o som da vida
Que naquela hora reforça
Toda a emoção reprimida

Farei das horas perdidas
E do tempo passado
o fermento de outras vidas
longe de ti mas a teu lado

__Tudo muda com os anos__
__A dor- em doce saudade__
__Na velhice a mocidade__
__A crença – nos desenganos__
(Casimiro de Abreu)

Variantes

Tudo muda com os anos
A dor - em doce saudade
A gula em sobriedade
A tristeza, nos ufanos

Tuto muda com os anos
A dor – em doce saudade
A loucura em sagacidade
Com os percalços quotidianos

Tudo muda com os anos
A dor – em doce saudade.
O ódio em amizade
Mais rudeza, mais espartanos

Tudo muda com os anos
A dor – doce saudade
A mentira em verdade
Os baixos em sopranos

Que fiz eu da vida?
Que fez ela de mim?
Quanta coisa feliz ignorada e perdida!
Quanto princípio que não teve fim!
(Fernando Pessoa)

Variantes

Que fiz eu da vida?
Que fez ela de mim?
Quanta verdade pressentida
E desdenhada por fim.

Que fiz eu da vida?
Que fez ela de mim?
Quanta hesitação sofrida
Entre o Não e o Sim.

Que fiz eu da vida?
Que fez ela de mim?
Não tem peso nem medida
As horas de frenesim.

Que fiz eu da vida ?
Que fez ela de mim?
Sempre vigoroso na partida
Para me deixar ultrapassar no fim.

Que fiz eu da vida?
Que fez ela de mim?
Quanta inutilidade aprendida
Em Francês, Português e Latim.

Que fiz eu da vida?
Que fez ela de mim?
Uma vivência comedida
Sem magia de perlimpimpim.

Que fiz eu da vida?
Que fez ela de mim?
Deixa-me dizer-te, Oh querida
Que não há outro amor assim.

Que fiz eu da vida?
Que fez ela de mim?
Sem a obsessão da comida
Nem o afã do pilim.

Que fiz eu da vida?
Que fez ela de mim?
Fronteira desguarnecida
Num deserto sem fim.

Que fiz eu da vida ?
Que fez ela de mim?
Nem ganha nem perdida
Quase má, apenas ruim.

Que fiz eu da vida?
Que fez ela de mim?
Um cavalo de corrida
Sem rédea nem selim.

Que fiz eu da vida?
Que fez ela de mim?
Nem roseira florida
Nem planta de jardim.

Que fiz eu da vida?
Que fez ela de mim?
Nem infância desvalida
Nem adorado benjamim

Que fiz eu da vida?
Que fez ela de mim?
Muita luta mantida
Mesmo sem ter espadim.

Que fiz eu da vida ?
Que fez ela de mim?
Nem cor esmaecida
Nem vivaz carmim.

Que fiz eu da vida ?
Que fez ela de mim?
Personalidade apetecida
Por mais que um pasquim.

Que fiz eu da vida?
Que fez ela de mim?
Nem pessoa atrevida
Nem nenhum querubim.

Que fiz eu da vida?
Que fez ela de mim?
Uma pérola perdida
Marchetada em marfim

Que fiz eu da vida?
Que fez ela de mim?
Uma vida vivida
Como se fosse um folhetim.

Que fiz eu da vida?
Que fez ela de mim?
Nem fruta ressequida
Nem apetitoso amendoim.

Que fiz eu da vida?
Que fez ela de mim?
Alguma dor descabida
Obra de muito malandrim

Que fiz eu da vida?
Que fez ela de mim?
Felicidade perseguida
Perseguida sem-fim.

AO JEITO DE GARCIA LORCA

Verde que te quero verde
Verde vento, verdes ramas.
Verde que te quero verde
Verdes prados, verdes tramas.
Verde que te quero verde
Verdes árvores, verdes chamas.
Verde que te quero verde
Verdes varandas, verdes camas.
Verde que te quero verde
Verde milheiral, verdes flamas.
Verde que te quero verde
Verde cruz, verdes dramas.
Verde que te quero verde
Verde campo, verdes damas
Verde que te quero verde
Verdes infantes, verdes amas
Verde carne, pêlo verde.

Verde de águas mansas
Verde de fonte límpida
Verde de firmadas esperanças
Verde que jamais cansas.

Mestre Eckhart, alguns séculos antes de Garcia Lorca,, escreveu: "Assim, Nosso Senhor prometeu alimentar as suas ovelhas na montanha da verde erva. Todas as criaturas são verdes em Deus... No cume todas as coisas são verdes: no "cimo da montanha", todas as coisas são verdes e novas".

NO RASTO DE GARCIA LORCA

A las cinco de la tarde
A las cinco en punto de la tarde
É a hora da pausa- café.
A las cinco de la tarde
É a hora britânica do chá.
À las cinco en punto de la tarde
É a hora de arrumar papeis
 na função pública.
À las cinco de la tarde
É a hora de acordar
da retemperante sesta vespertina
Á las cinco en punto de la tarde
Os arraiais das touradas à corda estão a abarrotar
De doentes taurinos.
Á las cinco de la tarde
As casas das cidades estão vazias e as ruas cheias.

Á las cinco en punto de la tarde
As esplanadas regorgitam
e os comerciantes bocejam.
À las cinco de la tarde
Encerram as escolas e abrem os bares.
Á las cinco en punto de la tarde
descansam os jornalistas
e soam os pregões dos ardinas.
Á las cinco de la tarde
Não é tempo de começar
Mas de acabar.
Á las cinco en punto de la tarde
Revezam-se os turnos nas fábricas
e terminam nos hospitais.
À las cinco de la tarde
À las cinco en punto de la tarde
Não há paragens
Ou entras ou sais.

À las cinco de la tarde
À las cinco en punto de la tarde
Não interessa saber de onde vens
Mas não ignorar para onde vais.

Ai que previsíveis as cinco horas da tarde!
Cinco horas em todos os relógios!
Cinco horas sempre com os mesmos episódios!

Niso

À MULHER

A mulher no seu dia
A mulher em todos os dias.
A mulher que em si confia
E vence horas sombrias.

Mulher a outra metade
De um ser incompleto.
Mulher sem idade
E do céu muito perto.

Mulher jovem
Mulher mãe.
Mulheres que promovem
A felicidade e o bem.

Mulher amiga
Mulher amante.
Mulher que consiga
Dourar cada instante.

Mulher sozinha
Ou com homem ao lado.
Mulher rainha
Em qualquer estado.

Mulher solteira,
Mulher casada
Mulher, a primeira
Que deve ser amada.

Mulher que ri
Mulher que chora.
Quantas eu não vi
E vejo agora.

Mulher senhora
Mulher dona.
Sempre e agora,
Mulher que se imponha.

Mulher eterna
Feminina forma de ser.
Mulher moderna
Com todo o mundo para rever

Celebrar-te, oh! Mulher
Em versos não consigo.
Não é poeta quem quer
Mas quem nasce com esse signo.,.

TRAÇOS HUMANOS

Traços humanos
Na terra dos homens.
Linhas demarcando
O mais universal dos bens

Adornam a natureza
E simbolizam a posse
Ganham em beleza
Fosse como fosse

Terra humanizada
Com sebes vivas
Terra assenhoreada
Com marcas incisivas

PARA UM DIA-NÃO

Nevoeiro na manhã
Sonolência na tarde...
Não há decisão nem afã
Que estimule a vontade

Horas escoam-se lentas
Mordendo a alma
Todos os esforços que tentas
Sossobram na doentia calma

Mundo agónico e sombrio
De vagares sem sentido
Não choro, mas não rio
Abúlico e contido

Atmosfera sufocante
Opressora e amarfanhante
Nem do horizonte distante
Vem esperança bastante.

TARDE DE SÁBADO

Tarde de Sábado
Quietude nas coisas,
Paz no coração.
São horas preciosas
Que não se vivem em vão.

Tarde de Sábado
O tempo que passa.
Rio de ilusão,
Momento de graça.

Tarde de Sábado
De outros dias não.
Tarde de beleza
E de funda emoção.

Tarde de Sábado.
O dia que morre
A noite que avança
E com seu manto nos cobre.

Tarde de Sábado.
Diferente de todas as outras.
Tarde de Sábado
Onde em plenitude te encontras.

DOMINGO

Manhã de Domingo,
Sol esplendoroso.
Não alcanço nem atino
No que haverá de mais ditoso.

Sol que aquece
Sol que acalenta.
Mereces uma prece
Para a felicidade que se inventa.

Mundo que brilha.
Pássaros que cantam.
A felicidade destila
E vidas novas se encantam.

Domingo de Sol
Domingo de luz
Luminoso farol
Que nos guia e seduz.

Fulgor da natureza,
Da alma calor.
Tudo renasce em beleza,
E ganha mais valor.
Sol esplendoroso.
Não alcanço nem atino
No que haverá de mais ditoso.

Sol que aquece
Sol que acalenta.
Mereces uma prece
Para a felicidade que se inventa.

Mundo que brilha.
Pássaros que cantam.
A felicidade destila
E vidas novas se encantam.

Domingo de Sol
Domingo de luz
Luminoso farol
Que nos guia e seduz.

Fulgor da natureza,
Da alma calor.
Tudo renasce em beleza,
E ganha mais valor.

SOL DE JANEIRO

Dia de Janeiro.
Manhã de sol e luz.
Primavera antecipada.
Coração aliviado.
Mente desanuviada.
Nervos acalmados.
Tudo ganha cor.
Tudo ganha forma.
Tudo ganha vida.
É outro o sabor
Da alegria mal contida.
Manhã de esplendor
E de luz fulgente
Manhã para o amor
E para abraçar toda a gente.

SOL DA MANHÃ

O sol sobre o mar
Ergueu-se majestoso
Na terra vai tornar
Tudo belo, tudo vistoso

Rei do dia
Vencedor da noite
Penhor de alegria
Da escuridão açoite.

Cada dia nasce
Cada dia fenece
Sem ele a face
Do mundo escurece.

Prenda renovada
Em cada manhã.
Presença ansiada
Abraço de lã

Da harmonia das esferas,
És o zeloso guardião
Sobre tudo imperas,
Oh sol da minha afeição.

TRINDADE

O sol, o céu e o mar
Trindade surpreendente.
Minhas mágoas quero cantar
Num tom em tudo diferente.

O mar, o céu e o sol
São todo o meu horizonte
Como quem busca farol
Sem a certeza que o encontre.

O sol, o mar e o céu
São elementos naturais.
São tudo o que é meu
E não desejo nada mais.

AMOR ANTIGO

O amor antigo
É aquele que não te digo
E não é porque de longe te sigo
Que me esqueço do amor antigo

O amor antigo
sólido abrigo
Contra o olvido.
Com ele sempre consigo
O dom não merecido
Mas que nunca desdigo
O amor antigo

Não é jazigo
Mas um postigo
Onde sem perigo
E debruçado digo:
Fica comigo
Meu amor antigo.

DESCONCERTO

O ar está pesado e morno.
O céu não tem nuvens nem sol.
As coisas perdem o seu contorno
E o mundo é pegajoso e mole.

Sonolento o dia avança
Devagar e sem rumor.
Até parece que a esperança
É só desilusão e dor.

Entre a noite e o dia,
Entre a manhã e a tarde,
A luz é lousa fria
Que se consome mas não arde.

As aves voam cegas.
Os homens caminham lerdos.
Se a verdade não negas
Nem o chão que pisais vós vedes.

Antes a noite escura
Que um dia de bruma.
A noite nem sempre dura
O nevoeiro sempre nos acabrunha.

CHUVA

A chuva cai
Silente
E calmamente.
As plantas
Recebem-na como uma bênção,
Os homens
Como um contratempo.
A chuva cai
Serena
E monotonamente.
A natureza
Não foge aos seus ritmos
Os homens
Resignam-se-lhes contrariados
A chuva cai
Dolente
E mansamente.

A terra abraça-a
E viceja.
Os homens resguardam-se
E aborrecem-na.
A chuva cai
E volta a cair
Insistente
E incansavelmente.

A ALBA E A ALVA. A AURORA E O ALVOR.

Fui à procura do sol nascente
Para o poder fotografar.
Com a luz da alba somente
Me tive de contentar.

Aurora que me encantas
E me fazes suspirar.
Bem cedo me levantas
E me levas à beira mar.

Alba das cantigas de amigo
Da espera e do tardar.
Deixa-te estar comigo
Não deixes o sol clarear.

Alvor primeira luz
Que o sol vem anunciar
Alvor que me seduz
E quase me põe a chorar

À alba, à aurora ao alvor
A alva se vem juntar
Com significado e valor
Da primeira claridade enunciar.

A RUA É UM TRAMPOLIM

"A rua é um trampolim.
Vais ao fundo e um dia estás no ar, dás o salto"
(fala de um sem abrigo)

A rua é um salto no escuro
Um mundo a temer
É pior do que um muro
Que não se consegue romper.

A rua é um trampolim
Diz quem foi ao ar
É uma escada sem fim
Com degraus sempre a rolar

Vais ao fundo,
Ao mais fundo da vida.
Assim te perdes num mundo
Com entrada sem saída

Amanhã não conta
Só vale o dia que passa
Tanto faz, tanto monta
Se não há nada que te satisfaça

O salto para o nada
O salto sem retorno
Da vida mal-amada
E do mundo em torno

Niso 14.12.2013

NÃO SOMOS HILOTAS

Somos ilhéus, não somos hilotas
Assim o pensou e disse Aristides da Mota.
Somos das ilhas, mas não escravos
Somos das ilhas no rumo das gaivotas
Somos das ilhas com largos horizontes
Estamos cercados mas não somos prisioneiros
Somos diferentes, mas não excluídos
Temos as brumas no olhar
Mas não no pensar
O nosso passado
Permite-nos sonhar
Apontar ao futuro
E nele acreditar.

AO POETA JOSÉ ENES

Água do Céu e do Mar
Poemas de contraste e sageza
Expressão de desvelar e sentir
A dorida vida e a incerta natureza.

Por detrás do poeta o homem
Por detrás do pensar o sonhador
Por dentro destas páginas se consomem
Tristezas, alegrias e dor.

Quimera, Presença e Violeta
Medo, rubro e longa estrada
Voltaste e contigo a oferta
De outra visão sempre sonhada.

Sempre mar e a mesma terra
Com primaveras, tardes e nevoeiro
Num rondó de verão se encerra
O limite de um cantar pioneiro.

VERSOS

Versos passados
Não moem moinhos.
Sons desencontrados
Perdidos pelos caminhos.

Versos da hora
Ideia fugidia.
Verso demora
E até se perdia.

Versos de ontem,
Sombra esquecida.
A memória defrontem
E os devolva à vida.

Verso saudoso
Sempre bem-vindo.
Chega pesaroso
E parte sorrindo.

Versos e mais versos
De pé quebrado.
Solfejos diversos,
Canto desafinado.

O POETA

O poeta é o portador
O poeta é o revelador
O poeta é cantor
Mas também o descobridor

O poeta tem o valor
Que lhe dá o fervor
De ser com o mesmo ardor
A criatura e o criador

Mas o poeta é mais
Pela palavra sublinhada
Ritmada e enobrecida

Ó poeta quanto sonhais
Traz a vida aprisionada
Em tantas letras, tantos sinais.

Contra-Prólogo desassossegado

do livro a sair "Prefácio ao Livro de qualquer crítico armado em zoilo" ou de "qualquer zoilo armado em crítico". Com um apêndice para se aplicar, por igual, aos auto críticos que não medem as palavras nos seus auto juízos.

Este contra- prólogo desassossegado foi composto por Niso Sousa, que não é ajudante de guarda-livros nem vive na cidade de Lisboa. E que tem tanto de desassossego como de inconformado.

Para o compor tive de assumir e esconder-me por detrás de uma máscara. Ou melhor, de uma mascarilha. Porque não chego a ser um heterónimo de Dionísio de Sousa, mas apenas um semi-heterónimo. Herdei-lhe o Sousa. Não algo que seja um complemento do meu ortónimo, mas uma mutilação. Um Dionísio menos qualquer coisa. Menos o espirito híper crítico, menos a falta de respeito por si próprio, menos a auto crítica impiedosa e verrinosa. Menos o ouriço-cacheiro com os espinhos voltados contra si próprio, pessoa e obra.

O meu fito é pôr a claro e elucidar toda a gente de boa vontade sobre três pontos omitidos, sonegados pelo autor do Prólogo ao depreciar livro e versos, chamando-lhes meras glosas, meros decalques, simples contrafações que não atingiam o domínio poético e se ficavam por uma má prosa mal escondida por detrás de pobres e esquálidas rimas.

Antes de mais, uma palavra sobre o título. O legal e originalmente pensado é "Bagatelas". Mais tarde foi-lhe anteposto "Livro de". Não é "O livro" com artigo, nem "das bagatelas" com outro artigo. Exactamente como "Livro do Desassossego" de Fernando Pessoa não é "o livro". Fica indeterminado sem artigo, como sendo um dos muitos livros possíveis do permanente desassossego de Fernando Pessoa. Eu, do Fernando Pessoa tenho apenas, como qualquer outro ser humano "o pessoa". Mas tenho dele uma indeterminação em relação a "bagatelas" que fez com que muitas já existentes não tivessem cabimento na selecção final para este livro. Mas, além das já feitas, haverá muitas outras "in fieri". As minhas inumeráveis bagatelas são uma "work in pogress."

Mas, para entrar no assunto deste contra-prólogo desasossegado vou começar, por um dado objectivo da opinião esclarecida e daqueles que se podem chamar os "right readers" de poesia que são aqueles que também à poesia se dedicam.

Tem gosto de experiência acumulada e o predicado de conhecerem os segredos do "métier". Mais, são oficiais do mesmo ofício, por isso não se deixam iludir pelos pseudo-poetas ou meros versejadores ou glosadores.

Explico. Há um "site" em português chamado escritas.org. que publica poesia de poetas encartados ou de poetas novos que lá vão publicando os seus tentames poéticos. Acontece que o repositório actual de poemas desta página ultrapassa os 6800. E que vai fazendo um "ranking" dos poemas que vão sendo publicados. Querem que vos diga qual é o lugar que os meus poemas ocupam neste ranking? A posição 600. Não será a consagração absoluta nem o sucedâneo da clássica coroa de louros, mas parece-me um lugar significativo e nada desonroso. Pelo menos tão significativo como quando se diz, por exemplo que entre as 100 maiores empresas nacionais a maior açoriana ocupa o 33º lugar. Ou, quando se avaliam fortunas e as maiores fortunas portuguesas entre todas as do mundo aparecem em 101º lugar. Ou ainda, quando os Açores entraram para a Europa ocupavam o último lugar entre todas as regiões europeias e hoje ultrapassaram 68 delas.

Segundo dado significativo, a apreciação que consta do prólogo é nitidamente parcelar e parcial Parcelar, porque tem em vista apenas a meia dúzia de sonetilhos com influências claras de nomes consagrados da literatura universal. Que vão desde Frederico Garcia Lorca, Cecília Meireles, Vitorino Nemésio, Fernando Pessoa, Manuel Bandeira, Carlos Drummond de Andrade e outros. Parcial, parcialíssima, porque ignora a modulação pessoal e expressão própria que essas influências assumiram. De resto, a originalidade também pode ser rica quando se lhe chama singularidade. Quando a forma antiga serve uma ideia nova. Quando uma ideia nova veste as roupagens de uma forma antiga.

Por exemplo, os dois sonetilhos "Paixão" (pag. 36) e "Solução" (pag. 37) que arvora como epígrafe expressões anterianas. Podem começar por repetir, mas vão-se desdobrando em comparações, metáforas, ritmos para terminarem num clímax que nada deve ao poema inspirador. E, em qualquer caso, a glosa confessada tem mais mérito do que a simples cópia e replicação disfarçada.

Terceiro e último grande e incontestável dado.

O autor do prólogo põe em dúvida, pelo menos implicitamente, senão abertamente, que os seus versos que pretende diminuir com o epíteto de glosas não chegam a atingir nível e dimensão poética e não passam de disfarçados arremedos de inspiração ou expressividade.

Façamos, brevemente claro, a abordagem desse tema por duas perspectivas a que chamaremos a clássica e a moderna.

Comecemos por lembrar Baudelaire: " Muitos afiguram-se que o fim da poesia é transmitir um ensinamento qualquer, que ela deve ora fortalecer a consciência, ora aperfeiçoar os costumes, enfim, demonstrar o que quer que seja de útil. A verdade é que a poesia por muito que tentemos interiorizar, interrogar-se a si próprio, relembrar as recordações dos seus entusiamos, não tem outro fim senão ela própria, não pode ter outro, e nenhum poema será tão nobre, tão grande tão verdadeiramente digno do nome de poema do que aquele que foi escrito unicamente pelo prazer de escrever um poema."

Como é claro temos aqui dois aspectos: o que a poesia não faz. Demonstrar. O que a poesia provoca no próprio que a pratica, não demonstrando, mas permitindo a fruição de um prazer único.

A primeira conclusão desta dilucidação da poesia, a que chamámos clássica, é ela não ter por função instruir, ela não quer demonstrar-nos nada, nem algo nos fazer compreender, no sentido vulgar destas palavras. A beleza de um poema não se mede nem pela profundidade, nem pela elevação, nem pela engenhosidade das ideias que encerra. Por conseguinte, a poesia não se dirige a esta faculdade com que formamos conceitos, encadeamos noções, raciocinamos, discutimos e que se pode chamar, grosso modo, a inteligência. Ou antes, se o faz é acessoriamente e por acréscimo, independentemente da sua vocação própria e com riscos e perigos para essa vocação.

Foi isto que, ainda dentro desta teorização, se chamou "Poesia Pura". E o que seria a "poesia pura"? Puro contrapõe-se a impuro, isto é, tudo o que no poema não é poético, e mais precisamente não contribui para proporcionar o prazer que experimentam os amadores de poesia.

A poesia pura, em consequência, será este elemento que faz com que o poema seja poético e provoque o deleite " sui generis" referido. Elemento inapreensível, inalisável que não se reduz à simples significação do texto. Exprime-se vulgarmente esta ideia quando se observa que, em poesia, a maneira de dizer é mais importante do que aquilo que se diz.

Assim é que aqueles que leem poeticamente os poemas sempre reconhecem que as palavras se revestem de "um não sei quê" uma "graça" uma " virtude secreta" que não se reduz ao seu sentido. Saborear esta misteriosa "qualquer coisa" é o começo e a condição de toda a experiência poética.

Tentando exemplificar dentro dos limites desta análise, a seguinte quadra do sonetilho "Limitação" (pág. 38) parece ter todos estes elementos de poesia pura que nos remete para uma dimensão diferente, transmitindo uma visão mas não uma significação e transportando-nos para outra dimensão do real

Não fumo mas cismo

Nos castelos do horizonte

De estranho monte

Em que me abismo

Há algo aqui que escapa ao pensamento discursivo, ao simples domínio das ideias, ao seu desenvolvimento lógico, aos argumentos que as defendem, aos factos que a sustém, aos sentimentos e emoções da vida comum. Quanto mais estes elementos predominem num poema mais ele se aproxima da prosa. Quando eles reinam em exclusivo temos, então, apenas prosa.

Outra expressão desta característica não discursiva do poema é os poetas evitarem as partículas explicativas ou conclusivas com os "porque", os "mas," os "ora," os "então".

Nesta perspectiva, é por tudo isso que a poesia se mantém inexplicada, não pode ser traduzida para outra língua (a não ser que o tradutor passe a criador) e escapa à análise.-

Atentemos neste último qualificativo. Levado às últimas consequências significaria que toda a crítica literária da poesia seria inútil. Não é certo. Mas ela conduz apenas ao limiar do templo da poesia. Não nos consegue lá introduzir. O motivo é que esta crítica é explicativa ora a poesia não se explica.

Assim, tudo o que se pode exprimir, traduzir, explicar do poema mais poético é a prosa. A poesia começa no ponto exacto em que a crítica já nada tem a dizer, mas onde se sente que tudo fica por dizer. A poesia é mistério e iniciação e o que ela reclama só dá lugar à pausa de quietude e silêncio diante do mistério poético.

Como podemos perceber, esta análise da poesia termina num beco sem saída. Por ela, ficaremos a saber o que não é poesia, o que resvala para o domínio da prosa, mas nada ou pouco adianta sobre os elementos que identificam positivamente a função poética e lhes desvendam o conteúdo.

Nas esteira da moderna linguística vamos tentar fazê-lo com base em três noções. A noção de sentido. A noção de denotação e conotação. A noção de expressividade das coisas.

Para a noção de sentido tomemos um exemplo: "O satélite da terra" e "aquela foice de oiro". Ambos têm a mesma designação, remetem para o mesmo objecto, que é o próprio planeta. São idênticos, portanto, quanto ao referente. Mas são diferentes quanto à referência. Os dois tipos de expressão remetem para o mesmo objecto, mas suscitam duas maneiras diferentes de o encarar, dois modos distintos " da consciência de". Se, portanto, por "sentido" compreendemos o objecto, " o satélite da terra" e "essa foice de oiro têm o mesmo sentido. Se, pelo contrário, atendemos ao modo subjectivo de apreensão do objecto, então as duas expressões têm sentidos diferentes, a que podemos chamar "sentido prosaico e "sentido poético."

Quanto às noções de denotação e conotação, notemos, em primeiro lugar, que já em latim se distinguia duas funções de uma ideia, conceito ou representação. "Rem docere" (ensinar) e "impelere ânimos" (emocionar).Teríamos, assim duas funções na linguagem. Uma função, intelectual,. cognitiva representativa e uma outra dimensão afectiva ou emotiva.

A ideia, por si, em si mesma é neutra, informa mas não comove.

A estas duas funções, em terminologia actualizada, chama-se a função denotativa e a função conotativa.

Voltemos de novo à distinção entre o referente e relação de referência. O referente é o mesmo a referência é diferente.

Termos aqui mais um avanço para a distinção entre prosa e poesia A prosa é denotativa, a poesia é conotativa. Esta teoria conotativa da linguagem poética nem é inteiramente nova e hoje está vulgarizada. Por exemplo, Valéry já distinguia: " dois efeitos da expressão pela linguagem: transmitir um facto e produzir uma emoção. A poesia é um compromisso ou uma certa proporção entre estas duas funções".

Outros mais modernos são ainda mais categóricos. Alguém dirá: "A poesia é a forma suprema da linguagem emocional".

Carnap afirma também: "O objectivo de um poema em que aparecem as palavras "raio de sol" e "nuvem" não é informarnos sobre os factos meteorológicos mas exprimir certas emoções do poeta e excitar em nós emoção análoga".

Finalmente, o terceiro aspecto: A expressividade das coisas.

Já vimos que a poesia é do domínio da emoção, mas a emoção poética tem ainda uma característica que a distingue da emoção vulgar. Enquanto a emoção real é vivida pelo "eu" como um dos seus estados interiores, a emoção poética é situada ao nível do objecto. A tristeza real é experimentada pelo sujeito sobre o modo de "eu sou" "ou estou", como uma modificação de si próprio de que o mundo é causa exterior. A tristeza poética, pelo contrário, é considerada como uma qualidade do mundo. Um céu cinzento de outono é triste tal como é cinzento.

Há quem fale de "sentimento". Sentir é experimentar um sentimento, não como estado do meu ser, mas como uma propriedade do objecto.

É claro que esta expressividade das coisas não é apercebida por toda a gente. Toda a gente vê cinzento um céu cinzento. Mas, decerto, o céu cinzento não é necessariamente e para todos visto como triste.

Voltamos aqui ao "right reader" anglo-saxónico. Se o poema não é compreendido por todos, a culpa não é do poema, tal como a culpa não é de um texto científico quando ele é obscuro para muitos.

Para o objectivo que, como semi-heterónimo me proponho, restaria rastrear nas glosas, nos versos, nos poemas deste "Livro de bagatelas" expressões ou textos com estas características de sentido, denotação e conotação e expressividade das coisas. Limitemo-nos a exemplos esparsos.

"Rio de ilusão", "Sol manso", mar da vida", "o manto da noite", "o sol majestoso", "abraço de lã", " desfolhar a lua", "longe de ti e a teu lado", "Verão de todas as vidas", "a noite negra e muda", "Um vento sopra sobre o meu sonho", "Dilúvio de luz" "Ó mar não respondas", "mar-inquietação", "paredão oceânico", "Sol da vida", "Aurora que canta", "música da noite", etc., etc., etc.

Muitos outos encontrará o leitor a se a isso se dispuser.

Nota

Para quem desejar aprofundar o que chamámos teorização clássica leia-se, por exemplo, Jean Berthelemy, Traité d'esthétique, Editions de L'Ecole, Paris, 1964

Para a teoria que chamámos moderna consulte-se, por exemplo, Jean Cohen, Estrutura da linguagem poética, Dom Quixote, Lisboa, 1973

www.ingramcontent.com/pod-product-compliance
Lightning Source LLC
Chambersburg PA
CBHW072023040426
42447CB00009B/1701

9789899855830